LOI

DU GRAND-DUCHÉ DE BADE

SUR LA CHASSE

(29 Avril 1886)

TRADUITE ET ANNOTÉE

Par **Fernand DAGUIN**

DOCTEUR EN DROIT, AVOCAT A LA COUR D'APPEL DE PARIS

(Extrait de l'Annuaire de législation étrangère)

PARIS

LIBRAIRIE COTILLON

F. PICHON, S', IMPRIMEUR-ÉDITEUR, LIBRAIRE DU CONSEIL D'ÉTAT
ET DE LA SOCIÉTÉ DE LÉGISLATION COMPARÉE
24, rue Soufflot, 24

1888

LOI

DU GRAND-DUCHÉ DE BADE

SUR LA CHASSE

LOI

DU GRAND-DUCHÉ DE BADE

SUR LA CHASSE

(29 Avril 1886)

TRADUITE ET ANNOTÉE

PAR **Fernand DAGUIN**

DOCTEUR EN DROIT, AVOCAT A LA COUR D'APPEL DE PARIS

———

(Extrait de l'*Annuaire de législation étrangère*)

———

PARIS

LIBRAIRIE COTILLON

F. PICHON, Sr, IMPRIMEUR-ÉDITEUR, LIBRAIRE DU CONSEIL D'ÉTAT
ET DE LA SOCIÉTÉ DE LÉGISLATION COMPARÉE
24, rue Soufflot, 24

—

1888

LOI

DU GRAND-DUCHÉ DE BADE

SUR LA CHASSE[1]

Dans la plupart des États européens, le droit de chasse a subi trois transformations successives. A l'origine, ce droit paraît être lié intimement au droit de propriété; puis, sous l'influence des légistes, qui s'appliquent à grandir et à étendre l'autorité du souverain, il se transforme en un droit régalien; enfin, grâce au mouvement libéral qui éclate, en France, à la fin du xviiie siècle, et qui se propage, de là, dans les pays voisins, il recouvre son véritable caractère et redevient l'apanage du propriétaire du sol.

Sous ce rapport, les provinces qui, par leur réunion, ont formé le territoire actuel du grand-duché de Bade, n'échappèrent pas à la règle commune. Le droit de chasse, après avoir été primitivement attaché à la possession du sol, devint, plus tard, un attribut de la souveraineté, et fut

(1) Par l'article 9 de la loi du 29 avril 1886 (*Gesetz die Abänderung des Jagdgesetzes betreffend; — V. Gesetzes-und Verordnungsblatt*, 1886, n° XXV, p. 221), le ministère de l'intérieur a été autorisé à publier à nouveau le texte de la loi sur la chasse, dans sa teneur actuelle. Cette publication a été effectuée, le 6 novembre 1886 (V. *G. und V. bl.* 1886, n° XLVII, p. 476).

La notice de la loi sur la chasse a été rédigée à l'aide des ouvrages suivants : Warnkönig, *die Grossherzoglischen badischen Gesetze über die Ausübung der Jagd und Fischerei, etc.* (Freiburg; L. Schmidt, 1876), et K. Schenkel, *das badische Jagdrecht* (Tauberbischoffsheim ; J. Lang, 1886). Ce dernier ouvrage a également servi pour l'annotation de la loi.

réservé aux dépositaires de l'autorité politique supérieure, notamment aux détenteurs de la haute justice. Toutefois, par suite de concessions expresses ou d'un usage immémorial, d'autres personnes, telles que les membres de la noblesse féodale et certaines communes, conservèrent la jouissance de ce droit.

Après la création du grand-duché, le gouvernement grand-ducal s'attribua le droit régalien de chasse, précédemment reconnu aux seigneurs suzerains, tout en respectant les droits antérieurement acquis. La noblesse seigneuriale et la noblesse d'État gardèrent le privilège de chasser sur leurs terres, en vertu des articles 3 et 4 de l'édit constitutionnel de 1807.

La crise politique et sociale de 1848 bouleversa cet état de choses. Elle eut pour conséquence, dans le grand-duché, comme dans d'autres parties de l'Allemagne, de faire disparaître les derniers vestiges de la féodalité et d'affranchir la propriété foncière. Aux termes d'une loi du 10 avril 1848, le droit de chasse réservé aux seigneurs fut aboli, en même temps que les autres droits féodaux, sous réserve d'une indemnité à fixer ultérieurement. Néanmoins, la loi provisoire sur la chasse, du 26 juillet 1848, qui, dans le principe, devait cesser d'être en vigueur le 1er février 1850, mais dont la durée fut prolongée ensuite d'une année, décida que le droit de chasse appartiendrait seulement : 1° aux communes, qui pourraient le louer ou le faire exercer par des chasseurs spécialement commissionnés à cet effet; 2° aux propriétaires de domaines clos, et 3° aux propriétaires de domaines indépendants, c'est-à-dire non compris dans une circonscription communale.

Enfin, une loi définitive, qui parut inspirée par des principes plus équitables, fut promulguée le 2 décembre 1850. Cette loi déclara, conformément aux très anciennes coutumes germaniques, que le droit de chasse était une dépendance du droit de propriété ; mais elle en réserva, sauf exceptions, l'exercice à la commune, dans les conditions suivantes: la chasse dut être louée par la commune, au moyen d'une adjudication publique, au profit des propriétaires fonciers (loi du 2 décembre 1850, art. 2 et 3). Les propriétaires de domaines ayant une contenance de deux cents journaux (*Morgen*) au moins d'un seul tenant, les propriétaires de domaines clos et les propriétaires de domaines indépendants furent seuls autorisés à chasser sur leurs propres terres (*ibid.*, art. 4, 7 et 8). Les propriétaires de parcelles détachées ayant une contenance totale de deux cents journaux et plus purent, au moyen d'une entente avec la commune, se faire concéder, au lieu de leur part dans le produit de la location, un canton de chasse d'une superficie égale à celle de leurs parcelles réunies, pour y chasser exclusivement (*ibid.*, art. 5). Nul ne put chasser sans être muni d'un permis (*ibid.*, art. 11). La chasse fut interdite, sauf à l'égard de quelques espèces d'animaux sauvages, à partir du 2 février de chaque année jusqu'au 23 août (art. 17). Une disposition spéciale (art. 26) régla l'indemnité due par les propriétaires aux anciens ayants droit à la chasse, pour prix de leur dépossession.

La loi de 1850 n'a subi, jusqu'en 1886, que des modifications d'importance secondaire. Cependant, il est impossible de passer sous silence la loi du 23 décembre 1871, portant introduction du Code pénal allemand dans le grand-duché, qui a réformé son article 18, relatif aux amendes à infliger pour délit de chasse en temps prohibé, et qui a abrogé les articles 22 à 24, remplacés par les articles 292 à 295 et 368, n° 10, du Code pénal (1).

En 1886, sur l'initiative du gouvernement, la loi fut soumise à une revision d'ensemble. Le texte adopté par les Chambres et sanctionné par le grand-duc contient un grand nombre de dispositions nouvelles. Le gouvernement est investi du droit de réglementer la chasse et la destruction des animaux nuisibles, et de désigner les animaux susceptibles d'être chassés. La contenance minima exigée pour la constitution d'un domaine de chasse particulier ou d'un domaine de chasse communal est augmentée. La plus faible durée assignée aux baux de chasse conclus par les communes est portée de trois à six ans. Les conditions de l'adjudication, des sous-locations, de l'admission des hôtes de chasse sont minutieusement réglées. Les dispositions relatives à la délivrance et au retrait des permis de chasse sont, en partie, modifiées; le prix du permis est élevé de 12 marks à 20 marks. Des époques différentes sont fixées pour la fermeture de la chasse, selon la nature du gibier, au lieu de la période unique établie par la loi de 1850. Certains modes de chasse sont prohibés et des pouvoirs plus étendus sont conférés à l'autorité administrative à l'effet de prévenir les dommages que pourrait causer la surabondance du gibier. Enfin, les prescriptions concernant la surveillance de la chasse sont complétées, et les infractions, ainsi que les pénalités qui leur sont applicables, sont déterminées avec plus de précision.

En vertu d'une disposition formelle de la loi du 29 avril 1886, le ministère de l'intérieur a publié le texte intégral de la loi sur la chasse avec les modifications récemment adoptées (2). Les Chambres s'en étaient remises également au gouvernement du soin d'indiquer la date de l'entrée en vigueur de la nouvelle loi; cette date a été fixée au 15 novembre 1886 par une ordonnance grand-ducale du 30 octobre (3).

L'exécution de la loi fut assurée par une ordonnance ministérielle du 6 novembre 1886 (4); à la même date, une instruction destinée au personnel chargé de la surveillance de la chasse fut publiée par le ministère de l'intérieur (5).

Nous donnons ci-dessous la traduction du texte actuel de la loi sur la chasse (6).

(1) Voir le texte de ces articles dans l'*Annuaire de législ. étrang.*, Ire année, pp. 157 et 181, et VIe année, p. 152.

(2) V. ci-dessus, note 1, p. 5.

(3) V. *G. und V. bl.*, 1886, n° XLVII, p. 475.

(4) *Ibid.*, p. 487.

(5) V. Schenkel, *das badische Jagdrecht*, p. 133.

(6) Nous croyons intéressant de reproduire, d'après l'excellent ouvrage de M. Schenkel, la statistique approximative du gibier abattu dans le grand-duché pendant l'année 1883. Cette note permettra de constater combien l'attribution à la commune du droit d'exercer la chasse est favorable à la multiplication du gibier. Il a été tué, en 1883, dans le grand-duché de Bade (dont la superficie n'est que

Art. 1er. — Le droit de propriété foncière emporte le droit pour le propriétaire de chasser sur son propre terrain (1).

Le droit de chasser sur le terrain d'autrui ne peut être établi à titre de servitude (2).

Le droit de chasse comprend le droit de s'approprier les bois du gibier mort et ceux que met bas, chaque année, le gibier vivant.

Il est réservé au gouvernement d'indiquer par voie d'ordonnance :

1° Quels sont les animaux sauvages qui doivent être considérés comme susceptibles d'être chassés (*jagdbar*) (3) ;

2° Sous quelles conditions et à l'aide de quels procédés les intéressés sont autorisés à tuer et à détruire les animaux nuisibles vivant à l'état sauvage (4).

de 1.424.879 hectares propres à la chasse), 159 cerfs ou biches, 9.769 chevreuils, 76.950 lièvres, 288 sangliers, 221 coqs de bruyères, 2.830 faisans, et 32.064 perdrix, soit au total 122.272 pièces. Dans ces conditions, il faut convenir que le gibier devient une ressource des plus importantes pour l'alimentation générale.

(1) Lorsque l'ensemble des droits utiles est transféré, par suite d'un démembrement de la propriété, notamment par suite de la constitution d'un usufruit, du propriétaire à une autre personne, celle-ci acquiert le droit de chasse (V. arrêté du ministre de l'intérieur du Grand-Duché, du 28 février 1851). Néanmoins, il est permis de stipuler, dans l'acte de démembrement, que le droit de chasse continuera à appartenir au nu-propriétaire (V. Schenkel, *op. cit.*, note 1 sous l'art. 1er).

A qui du propriétaire ou du fermier le droit de chasse appartient-il, en cas de silence du bail? La doctrine et la jurisprudence sont à peu près d'accord aujourd'hui, en France, pour attribuer le droit de chasse au propriétaire (V. Giraudeau, Lelièvre et Soudée, *La Chasse* (2° édit.), n° 46 ; Leblond, *Code de la chasse et de la louveterie*, t. Ier, n° 5). Il semble que cette solution doive prévaloir également dans le Grand-Duché de Bade.

(2) La question de savoir si la cession perpétuelle du droit de chasse constitue une servitude personnelle prohibée par la loi est, faute d'un texte précis, controversée, en France. Cependant la majorité des auteurs se prononce, avec raison, selon nous, pour la négative (V. Giraudeau, Lelièvre et Soudée, *op. cit.*, n°s 5 et suiv. ; Leblond, *op. cit.*, t. Ier, n° 11).

(3) L'ordonnance ministérielle du 6 novembre 1886 (art. 1er) indique comme susceptibles d'être chassés, les animaux suivants :

Gibier de poil : cerfs et biches, daims et daines, chevreuils, sangliers, lièvres, renards, blaireaux, martres, putois et chats sauvages ;

Gibier de plume : grands et petits coqs de bruyères, gélinottes, faisans, perdrix, cailles, pigeons sauvages, oies sauvages, canards sauvages, grèbes (*Lappentaucher*), harles (*Säger*), goëlands, bécasses et vanneaux.

(4) Voici, d'après l'article 2 de l'ordonnance ministérielle du 6 novembre 1886, la liste des animaux nuisibles :

1° *Animaux susceptibles d'être chassés* : sangliers, blaireaux, martres, putois, chats sauvages ;

2° *Animaux non susceptibles d'être chassés* : lapins, belettes, loutres, écureuils ; aigles, faucons, éperviers, milans, buses, grands-ducs, corbeaux, pies, pies-grièches (*Würger*), geais, martins-pêcheurs, hérons et cormorans.

Toutefois, lorsque l'autorité chargée de la police du district ou de la com-

L'emploi d'armes à feu dans ce but, ainsi que la destruction des animaux nuisibles, mais, en même temps, susceptibles d'être chassés, ne peuvent, en règle générale, être autorisés qu'autant que l'ayant droit à la chasse a été préalablement entendu et n'est pas en état de prendre lui-même les mesures nécessaires ou n'est pas décidé à les prendre.

Art. 2. — Sauf les cas prévus par les articles 4 à 8, la chasse ne sera pas exercée par les propriétaires eux-mêmes (1), mais elle le sera, en leur nom et pour leur compte, par la commune, dans l'étendue du finage communal (2).

Toute personne qui exercera le droit de chasse devra, d'ailleurs, se conformer aux dispositions de la présente loi et aux prescriptions relatives à la police rurale (3) et forestière (4).

mune aura pris un arrêté, conformément à l'article 145, n° 3, du Code pénal de police et à l'ordonnance du 1er octobre 1864, pour empêcher la destruction d'un des oiseaux mentionnés ci-dessus, cet oiseau cessera d'être considéré, dans le district ou dans la commune, comme un animal nuisible.

Il est permis aux intéressés (propriétaire, usufruitier, fermier) de disposer des mues, filets et poteaux surmontés de fers pour capturer les oiseaux nuisibles ; les nids et œufs de ces oiseaux peuvent être détruits (Ordonn. min. du 6 nov. 1886, art. 4).

Pour la destruction des mammifères nuisibles, les intéressés peuvent employer des filets, fosses ou trappes ; les terriers peuvent être défoncés ou enfumés ; enfin, l'emploi des bourses et furets pour la capture des lapins est autorisé (*Ibid.*, art. 5). Une autorisation spéciale de l'administration du district (*Bezirksamt*) est nécessaire aux intéressés autres que les ayants droit à la chasse, pour pouvoir placer des fers en rase campagne ou en plein bois ; les points où ces fers sont déposés doivent être indiqués très exactement à l'administration (*Ibid.*, art. 6). Les intéressés, autres que les ayants droit à la chasse, ont également besoin d'une autorisation spéciale de l'administration du district pour détruire les animaux nuisibles rangés dans la catégorie des animaux susceptibles d'être chassés, ainsi que pour employer des armes à feu pour la destruction des animaux nuisibles de quelque catégorie que ce soit (*Ibid.*, art. 7 et 8).

(1) Les propriétaires fonciers, qui ne se trouvent pas dans un des cas prévus par les articles 4 à 8, ont la jouissance du droit de chasse, mais n'en ont pas l'exercice.

(2) Le système qui consiste à faire exercer la chasse des parcelles d'une faible contenance par la commune pour le compte des propriétaires fonciers est généralement adopté en Allemagne. Il fonctionne en Prusse [loi du 7 mars 1850, art. 4 ; V. *Sämmtliche Jagdgesetze für die K. Preussischen Staaten* (Berlin ; Heymann, 1874), p. 83], en Bavière [loi du 30 mars 1850, art. 4 ; V. S. Fessmann, *Die Jagdgesetze für das Königreich Bayern* (Ansbach, 1874), p. 10], en Alsace-Lorraine (loi du 7 février 1881, art. 2 ; V. *Annuaire de législation étrangère*, XI° année, p. 282). Il est également en vigueur en Autriche [Patente impériale du 7 mars 1849, art. 6 ; V. *Manz'sche Gesetzes-Ausgabe*, (Vienne 1875), t. VIII, p. 269], et en Hongrie (loi XX de 1883, art. 3 ; V. *Annuaire de lég. étr.*, XIII° année, p. 383).

(3) Cf. art. 145, n°s 2 et 3 du Code pénal de police badois et art. 368, n°s 1 et 9 du Code pénal allemand (V. *Annuaire de législation étrangère*, I°re année, pp. 180 et 181).

(4) Voir, notamment, les articles 64 et 66 de la loi forestière de 1833, portant interdiction d'allumer des feux dans les bois, les articles 57 à 59 de la même

Art. 3. — Les communes ne peuvent exercer le droit de chasse qu'au moyen d'une location, qui doit avoir lieu aux enchères publiques et pour une durée de six années au moins (1).

L'adjudication sera tranchée au profit de celui qui offrira le prix le plus élevé, à la condition, toutefois, que la mise à prix fixée par le conseil municipal soit au moins atteinte, et pourvu qu'il n'existe pas de circonstances permettant de supposer que l'enchérisseur le plus offrant ne présente pas des garanties suffisantes, au point de vue de l'exécution des conditions générales et particulières du bail de chasse.

Le conseil de district (*Bezirksrath*) statuera sur les pourvois qui pourront être formés à ce sujet.

L'adjudication sera annoncée, en la forme réglementaire, deux semaines à l'avance, et devra avoir lieu deux mois au moins avant l'expiration des baux existants (2). Seront seules admises à prendre part à l'adjudication les personnes qui seront munies d'un permis de chasse ou qui établiront, à l'aide d'un certificat écrit délivré par les autorités compétentes, qu'il n'existe aucun empêchement à ce qu'elles en obtiennent un.

Le produit de la location de la chasse sera versé dans la caisse municipale et réparti ensuite, déduction faite des frais, entre les propriétaires intéressés (3), proportionnellement à la contenance des fonds qu'ils possèdent dans la commune, à moins que la

loi, relatifs à la construction de bâtiments dans les bois et dans le voisinage des bois, les articles 24 et 25 de la loi du 25 février 1879 concernant le droit pénal forestier (V. *Annuaire de législation étrangère*, IXᵉ année, p. 234), et l'article 368, nᵒ 7, du Code pénal allemand (V. *Ibid.*, Iʳᵉ année, p. 180).

Bien que l'article 2 n'en fasse pas mention, les dispositions réglementaires intéressant l'ordre public et les bonnes mœurs doivent être respectées. C'est ainsi que les battues (*Treibjagden*) sont interdites les dimanches et fêtes; c'est ainsi encore que les personnes qui veulent se livrer à la chasse pendant ces mêmes jours ne peuvent le faire qu'à la condition de ne pas troubler le service divin (V. Ordonnance grand-ducale du 12 mars 1869 et ordonnance modificative du 20 novembre 1879).

(1) Cette disposition ne concerne que les terres sur lesquelles la commune exerce le droit de chasse au nom et pour le compte des propriétaires fonciers, conformément à l'article 2; elle ne s'applique pas aux terres appartenant à la commune et d'une contenance supérieure à 72 hectares d'un seul tenant (V. Arrêté du ministère de l'intérieur du grand-duché, du 10 décembre 1868). En ce qui concerne ces dernières terres, la commune n'est pas obligée de recourir à une location par adjudication; elle peut les louer par voie de soumission ou de gré à gré; elle peut aussi y faire exercer la chasse pour son compte (V. Schenkel, *op. cit.*, note 1, sous l'art. 3).

(2) La violation de ces dispositions, et notamment la réduction des délais prescrits, n'entraînent pas la nullité de l'adjudication. — Cf. Art. 10 *g*, *infrà*.

(3) L'usufruitier, à moins de convention contraire, participe à la répartition, au lieu et place du propriétaire; mais il en est autrement du fermier; celui-ci ne saurait, à aucun titre, prétendre à une part dans le prix de location.

majorité de ces propriétaires, possédant plus de la moitié des pièces de terre du finage, ne décide que le prix de location sera abandonné à la caisse municipale (1).

Art. 4. — Tout propriétaire (2) de fonds de terre ayant une contenance de soixante-douze hectares au moins d'un seul tenant (3), que ces fonds soient situés sur un seul ou sur plusieurs finages, est autorisé à exercer d'une manière indépendante et exclusivement le droit de chasse sur ces fonds, à le louer ou à le faire exercer par des chasseurs, à moins qu'il ne préfère en abandonner l'exercice à la commune moyennant une part proportionnelle dans le produit, conformément à l'article 3 (4).

Un fonds sera considéré comme étant d'un seul tenant, encore qu'il soit traversé par un chemin public (5) ou par un cours. d'eau (6).

Art. 4 a. — Lorsque certaines parcelles détachées d'un domaine foncier sur lequel la chasse peut être exercée d'une manière indépendante, aux termes de l'article 4, seront entourées, sur la majeure partie de leur contour, par des fonds d'une contenance de beaucoup supérieure, faisant partie du domaine de chasse de la commune (art. 2), le propriétaire pourra (7), sur la proposition

(1) L'abandon du produit de la location à la commune est devenu, dans le grand-duché, la règle ordinaire. En 1883, sur une somme de 522.881 marks, montant du produit des chasses communales, 14.703 marks seulement ont été partagés entre les propriétaires (Schenkel, *op. cit.*, note 15, sous l'art. 3).

(2) Cette expression comprend non seulement le propriétaire, mais encore les personnes qui ont l'exercice de l'ensemble des droits utiles sur la terre, et, entre autres, l'usufruitier.

(3) Les parties du fonds couvertes d'eau, telles que lacs, étangs, ruisseaux, cours d'eau, comptent pour le calcul des 72 hectares (V. Schenkel, *op. cit.*, note 3, sous l'art. 4).

(4) En cas de contestation entre la commune et les particuliers au sujet de l'exercice personnel du droit de chasse, l'affaire est portée devant la juridiction administrative. — V. loi du 14 juin 1884, art. 2, n° 17 (*Annuaire de législation étrangère*, XIVe année, p. 232).

(5) Il en est de même, à plus forte raison, lorsque le fonds est traversé par un chemin privé. (V. Schenkel, *op. cit.*, note 8, sous l'art. 4).

(6) A moins qu'il ne s'agisse d'une rivière, d'un étang ou d'un lac appartenant à un tiers.

En principe, le propriétaire du fonds traversé par un chemin public ou par un cours d'eau public peut chasser sur ce chemin ou sur ce cours d'eau (sauf lorsque le cours d'eau est assez considérable pour pouvoir former un domaine de chasse spécial); mais, en ce qui concerne les chemins publics, l'exercice de la chasse sera, la plupart du temps, entravé par des règlements de police (V. également l'article 367, n° 8, du Code pénal allemand ; *Annuaire de législation étrangère*, VIe année, p. 157). A l'égard des chemins de fer, il convient d'ajouter qu'il est absolument interdit aux chasseurs de pénétrer sur la voie et sur ses annexes (V. règlement sur la police des chemins de fer, du 30 novembre 1885, art. 54).

(7) Le Conseil de district est libre d'admettre ou de rejeter la proposition de l'autorité municipale tendant à l'abandon des parcelles à la commune. En cas

de l'autorité municipale (1), être déclaré par le conseil de district tenu d'abandonner à la commune l'exercice de la chasse sur les parcelles de son domaine de chasse indépendant, enclavées sur la majeure partie de leur contour, moyennant une part proportionnelle dans le produit, conformément à l'article 3.

La proposition tendant à cet abandon devra toujours être présentée à l'administration du district (*Bezisksamt*) avant que la nouvelle adjudication de la chasse communale ait eu lieu, et, si la chasse sur le domaine de chasse indépendant appartenant au propriétaire foncier a été louée, au plus tard, trois mois avant l'expiration du bail des parcelles enclavées.

A défaut de convention contraire, l'abandon de la chasse sur les parcelles du domaine de chasse indépendant enclavées sur la majeure partie de leur contour sera fait pour une durée égale à celle du bail de la chasse communale.

Le droit d'exercer la chasse d'une manière indépendante sera maintenu au propriétaire foncier, alors même que, grâce à l'abandon dont il vient d'être question, la contenance du domaine de chasse indépendant tomberait au-dessous de soixante-douze hectares.

Art. 5. — Quiconque possède des terres d'une contenance de plus de soixante-douze hectares (2), mais ne formant pas un ensemble d'un seul tenant, peut convenir avec la commune (3), au moyen d'un arrangement librement consenti (4) et pour un laps de temps déterminé (5), qu'il lui sera concédé, au lieu de sa part dans le produit de la location de la chasse, le droit de chasser exclusivement sur une partie déterminée du territoire de la commune.

de rejet de la proposition, aucun recours n'est ouvert contre sa décision (Schenkel, *op. cit.*, note 5; sous l'article 4 *a*).

(1) La proposition doit émaner de l'autorité municipale ; elle ne pourrait être formulée ni par le locataire de la chasse communale, ni par le propriétaire du domaine indépendant.

(2) La rédaction de l'article 5 diffère quelque peu, à cet égard, de celle de l'article 4. Il suffit, pour pouvoir exercer personnellement le droit de chasse sur un domaine, que ce domaine ait une contenance de soixante-douze hectares d'un seul tenant. Pour pouvoir réclamer le cantonnement, conformément à l'article 5, il faut posséder des parcelles formant par leur réunion un ensemble de *plus* de soixante-douze hectares.

(3) La convention est conclue avec le conseil municipal. On n'a pas à consulter l'assemblée générale de la commune (*Gemeindeversammlung*). — Schenkel, *op. cit.*, note 7, sous l'article 5.

(4) Le cantonnement ne peut donc être imposé ni à la commune, ni au propriétaire.

(5) En général, l'arrangement est conclu pour une période qui coïncide avec celle du bail de la chasse communale, par conséquent pour six années au moins

Art. 6. — S'il existe des parcelles d'une contenance extrêmement faible, entourées entièrement ou sur la majeure partie de leur contour (1) par un domaine de soixante-douze hectares au moins d'un seul tenant, les propriétaires de ces parcelles pourront, à leur gré, louer la chasse de leurs terres au propriétaire du domaine le plus étendu, ou en abandonner la jouissance à la commune.

Toutefois, à la demande du propriétaire du domaine le plus étendu, les propriétaires des parcelles enclavées, entièrement ou sur la plus grande partie de leur contour, pourront être déclarés par le conseil de district tenus de louer la chasse de leurs parcelles au propriétaire du grand domaine (2).

A défaut de convention différente intervenue entre tous les intéressés (3), cette location ne pourra avoir lieu qu'autant qu'une proposition à ce sujet aura été présentée à l'administration du district, au plus tard trois mois avant l'expiration du bail conclu par la commune relativement aux parcelles enclavées, et, dans tous les cas, avant qu'il ait été procédé à une nouvelle adjudication de la chasse communale.

A défaut de convention différente, la location de la chasse des parcelles enclavées courra pendant un laps de temps égal à la durée du bail de la chasse communale et le prix de location sera calculé d'après le prix qu'atteignent les chasses dans le pays; à cet effet, on prendra pour base, en règle générale, le produit de la chasse communale et la proportion existant entre la contenance des parcelles louées et celle du domaine de chasse communal.

Art. 7. — Tous les fonds qui sont isolés au moyen de clôtures ou de toute autre manière, de façon que le gibier ne puisse ni s'échapper ni causer des dommages aux propriétés d'autrui, restent en dehors de la location de la chasse faite par la commune (4). Le possesseur

---

(1) L'article 6 cesse d'être applicable si l'enclave n'est pas entourée, sur plus de la moitié de son contour, par le domaine comprenant soixante-douze hectares au moins.

(2) Si les parties ne peuvent se mettre d'accord sur le prix de location, le différend est tranché par les tribunaux administratifs (V. art. 25, § 2, *infrà*).

(3) Cette expression comprend les autorités municipales et le fermier de la chasse communale.

(4) Les tribunaux auront à apprécier si la clôture est suffisante pour empêcher le passage du gibier. Les murs et les palissades d'une hauteur raisonnable, les treillages à mailles serrées, les cours d'eau larges et profonds peuvent constituer une clôture, au sens de l'article 7; mais, en principe, une simple haie serait insuffisante.

Le privilège établi en faveur du propriétaire d'un domaine clos cesse lorsque la clôture vient à être détruite. Dans ce cas, du reste, l'administration peut, si le gibier qui s'échappe du domaine cause des dégâts, mettre le propriétaire en demeure de réparer les brèches de la clôture (V. art. 21, § 2, *infrà*).

de fonds de ce genre peut seul y chasser ou permettre d'y chasser.

Restent également en dehors de la location de la chasse faite par la commune les établissements publics (1) et les jardins d'agrément.

Art. 8. — Lorsqu'un domaine séparé (*abgesonderte Gemarkung*)(2) se compose de fonds appartenant indivisément à un ou à plusieurs propriétaires, le propriétaire ou les copropriétaires sont autorisés à exercer sur ce domaine le droit de chasse d'une manière indépendante.

Si le domaine séparé appartient divisément à plusieurs propéritaires, on applique, suivant les cas, les articles 4, 6 et 7. Les propriétaires qui ne possèdent pas, dans le domaine séparé, soixante-douze hectares au moins d'un seul tenant et qui n'ont pas cédé la chasse de leurs terres à un autre propriétaire ayant, par lui-même, l'exercice du droit de chasse, ne peuvent exercer la chasse qu'en commun, soit par l'entremise de trois délégués au plus ou à l'aide d'un chasseur spécialement commissionné, soit en louant la chasse d'après les bases fixées pour la location des chasses communales (3).

Art. 9. — En principe, chaque territoire communal forme également un canton de chasse (4). Seules, les communes comptant plus de sept cent vingt hectares (5) peuvent être divisées en deux cantons de chasse ou en un plus grand nombre. Dans ce cas, la division en cantons de chasse est opérée par décision de l'administration du district (*Bezirksamt*), sur la proposition du conseil municipal, et l'administration forestière du district entendue (6).

---

(1) Il résulte des termes du rapport déposé à la première Chambre des États que le législateur s'est préoccupé exclusivement des jardins publics, promenades et autres établissements du même genre ; il n'a point eu en vue les routes, ports, digues, canaux (SCHENKEL, *op. cit.*, note 7, sous l'art. 7).

(2) Les domaines séparés sont ceux qui ne sont incorporés au territoire d'aucune commune. On en compte deux cent vingt-cinq dans le grand-duché de Bade ; la plupart consistent en massifs boisés. Les fonctions administratives, dans l'étendue de chacun de ces domaines, sont exercées par le propriétaire lui-même, à moins qu'elle ne soient dévolues au bourgmestre d'une commune voisine ou à un adjoint spécial (V. SCHENKEL, *op. cit.*, note 2, sous l'article 8).

(3) Les difficultés qui peuvent s'élever au sujet de l'application de l'article 8 sont portées devant les tribunaux administratifs (V. loi du 14 juin 1884, art. 2, n° 17 ; *Annuaire de législation étrangère*, XIVe année, p. 232).

(4) Alors même qu'il comprendrait moins de soixante-douze hectares, défalcation faite des terres sur lesquelles les propriétaires conservent l'exercice du droit de chasse.

(5) Le calcul de l'étendue du territoire communal se fait en tenant compte, non seulement des terres que la commune a le droit de louer, mais encore des fonds sur lesquels les propriétaires exercent personnellement le droit de chasse en vertu des articles 4 et 7 de la présente loi. (SCHENKEL, *op. cit.*, note 3, sous l'article 9).

(6) Le conseil municipal propose, l'administration du district décide, sur

Art. 9 *a*. — En vertu d'un accord intervenu entre les intéressés (1), plusieurs communes, domaines séparés, ou partie d'entre eux, pourront, s'ils sont contigus, être réunis, avec l'autorisation du conseil de district, pour former un canton de chasse commun. Lorsque le territoire d'une commune, d'un domaine séparé ou d'une partie de commune ou de domaine séparé complètement isolée du reste du finage comprendra, abstraction faite des fonds sur lesquels les propriétaires exercent d'une manière indépendante le droit de chasse conformément aux articles 4 à 8, moins de soixante-douze hectares, le conseil de district pourra, sur la proposition de l'autorité municipale d'une des communes, ou du propriétaire d'un des domaines séparés, contigus à ce territoire, décider que le finage d'une contenance inférieure à soixante-douze hectares sera réuni au ou aux finages limitrophes pour former un canton de chasse commun (2). A moins qu'il n'en ait été décidé autrement en vertu d'un accord intervenu entre tous les intéressés, la convention relative à la constitution d'un canton de chasse commun n'entrera en vigueur qu'à l'expiration du bail de la chasse des terres qui en font l'objet, et cette convention sera réputée conclue pour la durée d'une période du bail des chasses communales.

A défaut de stipulation contraire, les propriétaires des terres réunies en un canton de chasse commun auront droit à une part dans le prix de location de la chasse, proportionnellement à l'étendue de leurs propriétés (3).

Art. 10. — Aucun canton de chasse communal ne pourra être affermé à plus de trois locataires (4).

La transmission à de nouveaux locataires des droits résultant

l'avis de l'administration forestière, mais sans être liée par cet avis, non plus que par la proposition de la commune.

Les autorités administratives de district sont invitées, en principe, à ne pas constituer de canton de chasse inférieur à trois cent soixante hectares (V. Ordonnance ministérielle du 6 novembre 1886, art. 17).

(1) La convention doit être conclue, suivant les cas, entre les conseils municipaux des communes intéressées ou entre les propriétaires des domaines séparés qu'il s'agit de grouper ensemble.

(2) Le conseil de district peut refuser, s'il le juge convenable, d'accueillir les propositions qui lui sont faites en vue de la création d'une chasse commune. La décision qu'il prend à ce sujet n'est susceptible d'aucun recours.

(3) Les contestations auxquelles peut donner lieu la répartition du prix de location sont du ressort de la juridiction administrative (V. art. 25, § 2, *infrà*).

(4) Dans le cas où l'on dépasserait le nombre réglementaire, le contrat de location pourrait être annulé (V. art. 10 *g*, n° 1, *infrà*).

Aucune limitation de ce genre n'est imposée au propriétaire qui concède à des tiers, dans le cas prévu par l'article 10 *a*, à titre gratuit ou onéreux, le droit de chasse sur ses terres.

du bail de la chasse et la sous-location ne pourront avoir lieu qu'avec l'autorisation de l'administration du district.

Art. 10 *a*. — Les propriétaires fonciers ayant l'exercice du droit de chasse (1) sont autorisés à concéder la faculté de chasser sur leur domaine de chasse indépendant à des tiers ayant la capacité requise pour chasser (2) et munis d'un permis de chasse (hôtes de chasse; *Gastschützen*) (3).

Lorsque l'hôte de chasse veut chasser, en pleine campagne ou en plein bois, sur le domaine de chasse indépendant, sans être accompagné du propriétaire foncier ou de son garde-chasse, il doit se procurer une attestation du propriétaire mentionnant la concession de la permission et le laps de temps pour lequel elle est valable.

Art. 10 *b*. — Les locataires d'un canton de chasse communal sont autorisés à se faire accompagner ou à faire accompagner leur garde-chasse par des tiers ayant la capacité requise pour chasser (4) et munis d'un permis de chasse (hôtes de chasse; *Gastschützen*) (5).

Les locataires d'un canton de chasse communal sont, en outre, autorisés à accorder à ces mêmes personnes, mais pour une année de chasse au plus (6), la faculté de chasser d'une manière indépendante (7). Toutefois, il est interdit au locataire d'un canton de chasse communal d'accorder le droit d'exercer ainsi la chasse à un hôte de chasse moyennant une rétribution ou une participation au payement du prix de location de la chasse (8).

(1) Cette disposition s'applique aux propriétaires de domaines clos (art. 7), aux propriétaires de domaines ayant une contenance supérieure à soixante-douze hectares d'un seul tenant (art. 4), aux propriétaires ayant obtenu un cantonnement conformément à l'article 5, et aux propriétaires de domaines séparés (art. 8).

(2) C'est-à-dire ne se trouvant dans aucun des cas prévus par les articles 13 et 14 de la présente loi.

(3) Il est permis au propriétaire de convenir avec ses hôtes de chasse qu'ils lui paieront une indemnité en échange de la concession qui leur est faite. Cette faculté n'est point accordée au locataire d'une chasse communale (V. ci-dessous, art. 10 *b*, § 2).

Le propriétaire qui admet, comme hôtes de chasse, des personnes non munies d'un permis, tombe sous le coup de l'article 22, n° 2, de la présente loi.

(4) Voir la note 2, ci-dessus.

(5) L'article 22, n° 2, de la présente loi punit d'une amende de 5 à 50 marks le fermier d'une chasse communale qui admet des hôtes de chasse non munis d'un permis.

(6) L'année de chasse s'entend de la période comprise entre le 1ᵉʳ février d'une année et le 31 janvier de l'année suivante (Cf. art. 12, *infrà*).

A l'expiration de l'année, la permission peut être renouvelée (V. Schenkel, *op. cit.*, note 4, sous l'article 10 *b*).

(7) C'est-à-dire seuls et sans avoir besoin d'être accompagnés par les locataires ou par leurs gardes.

(8) Cf. note 3, ci-dessus.

La concession à un hôte de chasse de la faculté d'exercer la chasse d'une manière indépendante sur un canton de chasse communal ne pourra être faite qu'avec l'autorisation de l'administration du district (1).

Cette autorisation pourra être refusée, s'il existe des circonstances pouvant faire supposer que, par suite de la concession du droit de chasse, la disposition relative à la limitation à trois du nombre des locataires (art. 10) serait directement violée ou indirectement éludée.

L'autorisation accordée à un hôte de chasse à l'effet d'exercer la chasse d'une manière indépendante sur un canton de chasse communal fera l'objet d'un certificat qui sera délivré par l'administration du district; ce certificat mentionnera notamment la concession faite par le locataire, la durée pour laquelle elle sera consentie, et le canton de chasse auquel elle s'appliquera.

Art. 10 c. — En vertu d'un accord intervenu entre les ayants droit à la chasse, une association de chasse pourra être formée entre eux relativement à des cantons de chasse contigus, sous cette condition que la chasse sera exercée en commun sur le territoire de l'association et que chacun des propriétaires ou locataires associés aura le droit de chasser d'une manière indépendante sur les parties du territoire de l'association sur lesquelles il n'a pas déjà le droit de chasser en qualité de propriétaire ou de locataire (2).

Aucun domaine de chasse indépendant afferme par son propriétaire ne pourra être représenté dans l'association de chasse par plus de trois de ses locataires (3).

Art. 10 d. — Lorsque le domaine de chasse de l'association doit comprendre des cantons de chasse communaux, la constitution de cette association de chasse ne peut avoir lieu qu'avec l'autorisation de l'administration du district.

(1) Avant d'accorder ou de refuser l'autorisation, l'autorité administrative du district devra consulter le Conseil municipal de la commune intéressée et l'administration forestière (V. Ordonnance ministérielle du 6 novembre 1886, art. 35).

(2) Lorsque l'association de chasse poursuit la réalisation de certains profits à partager entre les associés, elle constitue une véritable société civile, régie par les dispositions des articles 1841 et suivants du Landrecht (Code civil) badois. L'association peut se former librement, à moins qu'elle n'englobe dans son terrain de chasse des cantons de chasse communaux, auquel cas une autorisation administrative est nécessaire (V. art. 10 d, § 1er).

(3) Les termes mêmes de cette disposition semblent indiquer qu'elle vise uniquement le cas où des chasses communales font partie du domaine général de l'association. Le but évident du législateur a été, en effet, d'empêcher qu'on ne pût augmenter indirectement, pour les cantons de chasse loués par les communes, le nombre de locataires fixé par l'article 10. — En ce sens : SCHENKEL, op. cit., note 6, sous l'article 10 c.

Cette autorisation pourra être refusée s'il existe des circonstances pouvant faire supposer que, par suite de la constitution du domaine de chasse de l'association, les dispositions des articles 10, 10 *b*, paragraphe 2, ou 10 *c*, paragraphe 2, seraient violées ou éludées.

L'administration du district délivrera aux propriétaires et locataires des terres composant le domaine de chasse de l'association un certificat constatant que l'autorisation a été accordée; ce certificat mentionnera, notamment, les cantons de chasse compris dans le domaine de chasse de l'association, les personnes faisant partie de l'association et le laps de temps pour lequel l'association sera formée (1).

Art. 10 *e*. — L'autorisation donnée à un hôte de chasse à l'effet de chasser d'une manière indépendante sur un canton de chasse communal et l'autorisation donnée pour la constitution d'un domaine de chasse mis en société peuvent être retirées (2) par l'administration du district, lorsque des circonstances qui auraient motivé son refus se produisent ou parviennent après coup à la connaissance de l'administration.

Art. 10 *f*. — Quiconque chasse en pleine campagne ou en plein bois, comme hôte de chasse, sur un domaine de chasse indépendant, sans être accompagné du propriétaire foncier ou de son garde-chasse, doit être porteur d'une attestation du propriétaire foncier, faisant foi de la concession qui a été octroyée.

Quiconque chasse, comme hôte de chasse, sur un canton de chasse communal sans être accompagné du locataire ou de son garde-chasse, doit être porteur du certificat de l'administration du district relatif à la délivrance de l'autorisation.

Quiconque chasse, comme membre d'une association de chasse, sur la partie du finage de l'association sur laquelle il n'a pas déjà le droit de chasser en qualité de propriétaire ou de locataire, doit être porteur du certificat de l'administration du district relatif à la délivrance de l'autorisation accordée pour la constitution du domaine de chasse mis en société (3).

Les hôtes de chasse et les associés sont tenus de présenter les

---

(1) Tout membre de l'association qui chasse sur des parcelles du domaine commun sans avoir personnellement sur elles le droit de chasse, comme propriétaire ou fermier, et avant que l'autorisation administrative requise ait été donnée, est passible d'une amende de 5 à 50 marks, aux termes de l'article 22, n° 3, de la présente loi.

(2) Le retrait de l'autorisation n'est pas obligatoire pour l'administration.

(3) La contravention aux prescriptions de l'article 10 *f* est punie par l'article 22, n° 4.

certificats de concession et d'autorisation mentionnés ci-dessus à toute réquisition des employés ayant dans leurs attributions la police de la chasse (1).

Art. 10 *g*. — Le bail conclu pour la location d'une chasse communale (art. 2, § 1er, de la loi) peut être annulé par le conseil de district (2) :

1° Lorsque la location a été faite en contravention de l'article 3, paragraphes 1 et 2, et de l'article 10, paragraphe 1er ;

2° Lorsque les locataires ou quelques-uns d'entre eux ont accordé à des tiers l'autorisation de chasser moyennant une rétribution ou une participation au paiement du prix de location de la chasse ;

3° Lorsque le permis de chasse a été retiré au locataire ou à tous les locataires du canton de chasse ;

4° Lorsque les locataires ne se conforment pas aux mesures prescrites par l'autorité publique en vertu de l'article 19.

L'annulation ne peut plus avoir lieu pour les motifs prévus au n° 1 après l'expiration de la première année de location.

Art. 11. — Nul ne peut chasser en pleine campagne ou en plein bois (3) sans un permis de chasse (4) délivré par l'autorité compétente (5).

(1) Voir la note précédente.

Les employés dont il est question dans le dernier paragraphe de l'article 10 *f* sont, en dehors des fonctionnaires chargés de la police générale ou communale, les gardes champêtres et forestiers, les agents voyers, les inspecteurs des défrichements et des prairies, ainsi que le personnel chargé de la surveillance des limites (V. Ordonnance ministérielle du 6 novembre 1886, art. 52).

(2) Les intéressés qui se croient lésés dans leurs droits par la décision du Conseil de district peuvent se pourvoir devant la Cour de justice administrative, en vertu de l'article 4 de la loi du 14 juin 1884 (V. *Annuaire de législ. étrang.*, XIVe année, p. 234).

(3) Le permis de chasse n'est point exigé des personnes qui chassent sur un domaine clos (cf. art. 7, *suprà*).

En France (loi du 3 mai 1844, art. 2), on peut également chasser sans permis sur les fonds entourés d'une clôture suffisante et attenant à une habitation ; il en est de même en Alsace-Lorraine (loi du 7 mai 1883, art. 9 ; V. *Annuaire de législ. étrang.*, XIIIe année, p. 316), en Belgique (loi du 28 février 1882, art. 6 ; V. *Annuaire de législ. étrang.*, XIIe année, p. 744), dans le grand-duché de Luxembourg (loi du 19 mai 1885, art. 10 ; V. *Annuaire de législ. étrang.*, XVe année, p. 419).

(4) L'obligation de se munir d'un permis n'est imposée qu'à ceux qui font personnellement acte de chasse ; les auxiliaires du chasseur, tels que traqueurs, rabatteurs, porte-carniers, etc., ne sont pas astreints à cette obligation (V. Schenkel, *op. cit.*, note 5, sous l'art. 11 ; cf. Giraudeau, Lelièvre et Soudée, *La Chasse* (2e édit.), nos 511 et suiv.; Leblond, *Code de la chasse*, n° 92).

Le permis est, d'ailleurs, exigé du chasseur, quel que soit le genre de chasse auquel il se livre, et alors même qu'il n'emploierait pas d'armes à feu (Ordonnance ministérielle du 6 novembre 1886, art. 40).

(5) L'autorité compétente est l'autorité badoise. Les permis de chasse délivrés dans les autres États de l'Empire d'Allemagne n'ont aucune valeur dans le grand-duché (Schenkel, *op. cit.*, note 3, sous l'art. 11).

Art. 12. — Le permis de chasse (*Jagdpass*) sera délivré par l'administration du district (1) pour un an, et sera valable du 1ᵉʳ février au 31 janvier inclusivement (2). Toutefois, des permis de chasse d'une semaine pourront être délivrés aux sujets de l'Empire n'ayant ni domicile, ni résidence fixe dans le grand-duché, qui seront en possession d'un permis de chasse délivré, pour une année, par une autorité publique allemande étrangère au grand-duché, et non périmé (3).

La taxe du permis de chasse est fixée : *a)* à 20 marks, pour une année (4); *b)* à 5 marks, pour une semaine (5).

(1) Les demandes de permis de chasse d'une année formées par un propriétaire, un locataire de chasse, un garde ou un hôte de chasse, doivent être adressées, en principe, au conseil municipal de la commune dans laquelle le propriétaire ou le locataire de la chasse a son domaine de chasse, le garde son triage, l'hôte de chasse son domicile ou sa résidence. Le conseil municipal transmet la demande à l'administration du district avec un rapport indiquant les nom, prénoms, âge, lieu de naissance, nationalité, qualités, domicile ou résidence de l'impétrant, les conditions dans lesquelles il entend exercer la chasse, et, s'il y a lieu, les circonstances qui peuvent ou doivent motiver le refus du permis.

Toutefois, la demande peut être adressée directement à l'administration du district, si le requérant est propriétaire d'un domaine séparé (V. la note 2, p. 14, ci-dessus), ou s'il est personnellement connu du fonctionnaire chargé de la délivrance du permis (Ordonnance ministérielle du 6 novembre 1886, art. 43 et 44).

Les demandes de permis d'une semaine sont adressées verbalement ou par écrit à l'administration du district, sans passer par l'intermédiaire du conseil municipal (*Ibid.*, art. 46).

Les permis de chasse d'une semaine sont libellés sur papier blanc; les permis d'une année sont délivrés sur papier gris pâle aux propriétaires ayant l'exercice du droit de chasse, aux locataires de chasses et aux personnes préposées à la garde de la chasse, sur papier jaune pâle aux hôtes de chasse. Cette différence de nuances facilite la surveillance en permettant aux gardes de reconnaître, à première vue, à qui ils ont affaire (Ordonnance ministérielle du 6 novembre 1886, art. 41).

(2) En fixant une date unique comme point de départ de la durée des permis, le législateur a voulu rendre plus difficile l'usage de permis périmés. Des dispositions analogues se remarquent dans la loi d'Alsace-Lorraine (loi du 7 mai 1883, art. 9 ; V. *Annuaire de législ. étrang.*, XIIIᵉ année, p. 315), dans la loi belge (loi du 28 février 1882, art. 14 ; V. *Annuaire de législ. étrang.*, XIIᵉ année, p. 747), et dans la loi luxembourgeoise (loi du 19 mai 1885, art. 2 ; V. *Annuaire de législ. étrang.*, XVᵉ année, p. 415).

(3) Rien ne s'oppose à ce que la même personne se fasse délivrer successivement plusieurs permis d'une semaine dans la même année (V. Schenkel, *op. cit.*, note 4, sous l'art. 12).

(4) Le prix du permis était, auparavant, de 6 florins, aux termes de la loi de 1850 (12 marks, depuis l'introduction dans le grand-duché, en 1874, du nouveau système monétaire allemand). Le chiffre de 20 marks (25 francs) est identique à celui qui a été adopté en Alsace-Lorraine (loi du 7 mai 1883, art. 9 ; *Annuaire de législ. étrang.*, XIIIᵉ année, p. 316). Le prix du permis est, dans le grand-duché, un peu moins élevé qu'en France (28 francs ; loi du 2 juin 1875) et de beaucoup inférieur au prix fixé en Belgique (35 francs, indépendamment de la taxe provinciale (V. *Annuaire de législ. étrang.*, XIIᵉ année, p. 748, note 1) et dans le grand-duché de Luxembourg (loi du 19 mai 1885, art. 5 ; V. *Annuaire de législ. étrang.*, XVᵉ année, p. 417).

(5) Exceptionnellement, le permis n'est pas nécessaire pour accomplir certains

Aucun droit d'enregistrement ni de timbre ne sera perçu pour sa délivrance.

Art. 13. — Le permis de chasse sera refusé (1) :

1° Aux mineurs, à moins que leur père ou leur tuteur ne demande le permis pour eux (2) ;

2° Aux interdits (*Entmündigten*) et aux personnes pourvues d'un conseil judiciaire (*Mundtodten*) ;

3° Aux individus qui ne sont pas en possession de leurs droits civiques (3) ou qu'une décision judiciaire a permis de placer sous la surveillance de la police (4) ; et, dans ce dernier cas, pendant cinq ans à partir du jour où la peine principale (privative de liberté) a été subie, prescrite ou remise ;

4° Aux individus condamnés à une peine privative de liberté pour assassinat (*Code pénal de l'Empire d'Allemagne*, art. 211) (5), résistance à l'autorité publique avec lésions corporelles (*Ibid.*, art. 118) (6), dol, rapine, détournement, extorsion, recel, tromperie,

actes de chasse, par exemple, pour détruire les animaux malfaisants ou nuisibles (Ordonn. minist. du 6 nov. 1886, art. 3 et suiv.), ou pour exécuter les mesures prescrites par l'administration dans le cas prévu par l'article 19 de la présente loi.

(1) Les étrangers ne sont pas compris dans l'énumération de l'article 13 ; faut-il admettre, néanmoins, qu'il leur est interdit d'obtenir un permis de chasse dans le grand-duché ? Nous ne le pensons pas. Il nous semble que le silence de la loi implique de la part du législateur l'intention de soumettre l'étranger au droit commun ; les prohibitions sont de droit strict ; *odia restringenda*. L'étranger peut donc, à notre avis, obtenir un permis, s'il a son domicile ou une résidence fixe dans le grand-duché. Telle paraît être l'opinion de M. Schenkel (*op. cit.*, note 11, sous l'art. 14). Bien entendu, la question ne se pose que pour les étrangers qui ne sont pas sujets allemands ; en ce qui concerne ces derniers, le droit d'obtenir un permis est indiscutable (Voir, ci-dessus, article 12, § 1er).

On admet, en France, que l'étranger peut se faire délivrer un permis de chasse, pourvu qu'il ait sinon son domicile, du moins une résidence sérieuse dans ce pays (en ce sens : LEBLOND, *op. cit.* t. I, n° 107. — Voir également GIRAUDEAU, LELIÈVRE ET SOUDÉE, *op. cit.*, n° 41). Nous pensons qu'il doit en être de même en Belgique (V. BEECKMAN, *Traité du droit de chasse en Belgique*, n° 404).

(2) Les mineurs sont les personnes qui n'ont pas encore accompli leur vingt et unième année (loi de l'Empire du 17 février 1875 ; V. *Annuaire de législ. étrang.*, V^e année, p. 260). Les mineurs émancipés peuvent obtenir un permis directement et sans l'entremise de leur père ou tuteur (SCHENKEL, *op. cit.*, note 2, sous l'art. 13).

A l'exemple de la loi française, la loi badoise de 1850, dans son article 13 (V. WARNKÖNIG, *op. cit.*, p. 6), interdisait de délivrer un permis aux mineurs de seize ans. La loi nouvelle n'a pas reproduit cette prohibition. Mais, dans le cas où il paraîtrait dangereux à l'administration d'accorder un permis sollicité pour un enfant au-dessous de cet âge, elle pourrait répondre à la demande par un refus, en se fondant sur les dispositions de l'article 14, n° 1.

(3) Cf. Code pénal allemand. art. 32 (*Annuaire de lég. étrang.*, Ire année, p. 91).

(4) Cf. Code pénal allemand, art. 38 (*Annuaire de lég. étrang.*, Ire année, p. 93).

(5) V. *Annuaire de lég. étrang.*, Ire année, p. 134.

(6) V. *Ibid.*, Ire année, p. 114.

mendicité et vagabondage, ou pour pratique habituelle du braconnage (*Ibid.*, art. 294) (1), pendant cinq années après que la peine a été subie, prescrite ou remise ;

5° Aux personnes secourues, comme indigentes, par des caisses publiques ou par des établissements de bienfaisance locaux (2).

Art. 14. — Le permis de chasse pourra être refusé (3) :

1° Aux personnes qui seront dans l'impossibilité de justifier de leurs moyens d'existence, ou contre lesquelles on relèvera des faits de nature à faire craindre qu'elles ne manient les armes à feu d'une manière imprudente, qu'elles n'en fassent un mauvais usage, ou qu'elles ne mettent en péril la sécurité publique ;

2° Aux personnes qui auront été condamnées à une peine pécuniaire ou privative de liberté pour homicide volontaire, à moins qu'il ne s'agisse d'un fait prévu par l'article 211 du Code pénal de l'Empire d'Allemagne (4), pour résistance à l'autorité publique, à moins qu'il ne s'agisse d'un fait prévu par l'article 118 du même Code (5), pour vol forestier (6), pour dommages forestiers (7), pour délit de chasse, à moins qu'il ne s'agisse d'un fait prévu par l'article 294 du Code précité (8), enfin pour contravention aux dispositions relatives à la police de la chasse, par application de l'article 23 de la présente loi, ou qui auront été condamnées à une peine privative de liberté pour infraction aux lois douanières, et ce, pendant cinq ans après que la peine aura été subie, prescrite ou remise.

Art. 15. — Lorsque des faits, à raison desquels le permis de chasse aurait dû ou pu être refusé, se produiront ou parviendront

(1) V. *Annuaire de lég. étrang.*, Irᵉ année, p. 157.

(2) Il s'agit ici d'établissements publics. Le refus du permis ne saurait être fondé sur ce que le requérant reçoit des secours d'une société charitable privée (Schenkel, *op. cit.*, note 5, sous l'article 13).

La décision par laquelle l'administration du district rejette une demande de permis peut être déférée, par voie gracieuse, au ministre de l'intérieur, ou, par voie contentieuse, à la Cour de justice administrative (loi du 14 juin 1884, art. 4, n° 1 ; V. *Annuaire de lég. étrang.*, XIVᵉ année, p. 234).

(3) Dans les cas prévus par l'article 14, l'administration du district est maîtresse d'accorder ou de refuser le permis. Le requérant dont la demande a été rejetée peut s'adresser au ministre de l'intérieur, par voie gracieuse, pour se faire octroyer ce qui lui a été refusé par l'administration du district, mais la voie du recours contentieux devant la cour de justice administrative ne lui est ouverte que s'il y a eu violation ou fausse application de la loi.

(4) Dans ce cas, le refus du permis est obligatoire (art. 13). — V. note 5, p. 21.

(5) Le refus du permis est également obligatoire dans ce cas (art. 13). — V. note 6, p. 21.

(6) Voir la loi badoise concernant le droit pénal forestier et la procédure en matière de délits forestiers, du 25 février 1879, articles 1ᵉʳ et suivants (*Annuaire de législat. étrang.*, IXᵉ année, p. 233).

(7) Voir la loi mentionnée dans la note précédente, article 22.

(8) L'administration est tenue de refuser le permis aux individus condamnés en vertu de l'article 294 du Code pénal (V. ci-dessus, art. 13, n° 4).

à la connaissance de l'administration du district postérieurement à la délivrance du permis, celui-ci devra ou, suivant les cas, pourra être retiré.

Art. 16. — Le droit de suite sur le gibier n'est pas admis (1). Le gibier blessé sur un canton de chasse appartient à la personne sur le canton de chasse de laquelle il tombe mort ou est trouvé (2).

Art. 17. — Il est interdit de chasser (3) :

1° Les cerfs et daims, du 1er février au 31 mai inclusivement (4);

2° Les biches et daines, du 1er février au 30 septembre inclusivement;

3° Le chevreuil, du 1er février au 31 mars inclusivement (5);

4° La chevrette, du 1er février au 30 septembre inclusivement (6);

5° Le lièvre, du 1er février au 23 août inclusivement;

6° Le mâle du grand et du petit coq de bruyères, du 1er juin au 15 août inclusivement;

7° La femelle du grand et du petit coq de bruyères, pendant toute l'année;

8° Les faisans, gélinottes et cailles, du 1er février au 23 août inclusivement;

9° Les perdrix, du 1er février au 23 août inclusivement;

---

(1) Le droit de suite s'entend du droit pour le chasseur de poursuivre sur le terrain d'autrui le gibier qu'il a blessé ou lancé sur son propre terrain.

Rien ne s'oppose à ce qu'une personne accorde à un chasseur la faculté de poursuivre sur ses terres le gibier blessé sur les terres du chasseur, pourvu que la concession ne soit pas perpétuelle et ne constitue pas une servitude (cf. art. 1er, *suprà*); cela résulte des termes mêmes du rapport rédigé par la Commission de la première Chambre des États (V. Schenkel, *op. cit*, note 1, sous l'art. 16).

(2) Il eût été plus conforme aux règles de l'occupation d'attribuer la propriété du gibier tombé sur le terrain d'autrui après avoir été mortellement blessé, à l'auteur de la blessure; mais le législateur badois a préféré poser un principe différent afin de couper court aux contestations entre chasseurs et d'éviter des difficultés souvent insolubles dans la pratique.

L'article 16 de la loi nouvelle reproduit textuellement l'article 16 de la loi du 2 décembre 1850.

(3) La fixation de dates différentes pour l'ouverture et la fermeture de la chasse des diverses espèces de gibier est une innovation de la loi de 1886. La loi du 2 décembre 1850 (art. 17) n'interdisait la chasse de certaines espèces que pendant la période comprise entre le 21 février et le 23 août.

(4) D'après M. Schenkel (*op. cit.*, note 3, sous l'art. 17), le cerf a disparu du grand-duché, sauf aux environs de Bade, dans la vallée de la Murg, et dans l'Odenwald, aux environs d'Eberbach; le daim ne se trouve plus que dans les montagnes des environs de Bade.

(5) La loi du 2 décembre 1850 permettait de chasser le chevreuil toute l'année.

(6) La Commission de la | première Chambre des États avait proposé d'interdire absolument la chasse des faons de biches, de daines et de chevrettes, pendant la première année de leur existence, mais cette interdiction n'a pas été maintenue dans la rédaction définitive de la loi.

10° Les canards, du 1er avril au 30 juin inclusivement ;

11° Les bécasses et les autres oiseaux de marais et d'eau, à l'exception du héron cendré (*Fischreiher*) (1), du 1er mai au 30 juin inclusivement.

Toutes les autres espèces d'animaux sauvages non spécifiées ci-dessus peuvent être chassées pendant toute l'année (2).

Art. 18. — Il est interdit de prendre avec des lacets ou autres engins (3) les espèces d'animaux sauvages au profit desquelles il a été établi par l'article 17 un temps de protection (*Schonzeit*).

Cette interdiction peut être étendue par voie d'ordonnance à d'autres espèces d'animaux sauvages (4).

Art. 18 *a*. — Il est interdit de chasser à l'aide de chiens courants (notamment avec des briquets : *Bracken*) (5).

Art. 18 *b*. — L'ayant droit à la chasse peut tuer ou faire tuer les chats trouvés à plus de cinq cents mètres de l'habitation la plus rapprochée (6).

---

(1) Le héron a été rangé dans la catégorie des animaux nuisibles par l'ordonnance ministérielle du 6 novembre 1886. Aux termes de la loi du 26 avril 1886 sur la pêche (art. 7), les ayants droit à la pêche sont autorisés à tuer, à capturer et à s'approprier les hérons qui fréquentent les cours d'eau sur lesquels s'exerce leur droit; toutefois, il leur est interdit d'employer pour cette destruction des armes à feu (V. *Annuaire de lég. étr.*, XVI° année, p. 186).

(2) Il est donc permis de chasser, en tout temps, en fait de gibier de poil, les sangliers, renards, blaireaux, lapins, martres, putois, chats sauvages, etc.

En outre, dans les cas prévus par l'article 19, l'administration peut permettre temporairement, dans les localités menacées par la surabondance du gibier, de chasser certaines espèces hors du temps fixé par l'article 17.

Le fait de tuer ou de capturer du gibier pendant le temps où la chasse en est prohibée constitue une contravention punie par l'article 23, n° 4 c.

(3) Notamment à l'aide de panneaux, trappes ou hameçons (employés pour la capture des canards).

(4) Une ordonnance du ministre du commerce, du 1er octobre 1864, relative à la destruction des chenilles et à la protection des oiseaux utiles, interdit (art. 2) de capturer, de tuer, de mettre en vente ou de chercher à capturer, à l'aide de filets, raquettes, gluaux, etc., les oiseaux chanteurs du pays, et, notamment, les mésanges, alouettes, grives, merles, étourneaux, hirondelles, corneilles, pies et autres petits oiseaux sylvains et ruraux.

(5) Cette interdiction est commune à tous les ayants-droit à la chasse, quels qu'ils soient. Toutefois, l'emploi de chiens courants est permis dans les parcs clos (V. art. 18 *e*, *infrà*).

La contravention à l'article 18 *a* est punie d'une amende de 20 à 150 marks par l'article 23, n° 4 *b*. Celui qui chasse avec des chiens sur le terrain d'autrui sans son consentement est passible des peines portées, suivant les cas, par les articles 292 ou 293 du Code pénal allemand (V. *Annuaire de légis. étran* ., Ire année, p. 157, et VI° année, p. 152). Toute personne qui, sans chasser elle-même, laisse son chien chasser, en plaine ou au bois, sans en avoir le droit, encourt une amende pouvant s'élever jusqu'à 10 marks, aux termes de l'article 147 du Code pénal de police badois.

(6) Cet article vise les chats domestiques.

La loi hongroise, plus rigoureuse que la loi badoise, permet au titulaire de la

Art. 18 *c.* — La capture des œufs et des couvées du gibier de plume susceptible d'être chassé est interdite (1) ; toutefois, les ayants droit à la chasse sont autorisés à recueillir exceptionnellement des œufs, pour les faire éclore dans des couvoirs ou pour les utiliser dans un but scientifique ou d'enseignement.

Les œufs de vanneau et de mouette peuvent être recueillis jusqu'au 30 avril inclusivement (2).

Art. 18 *d.* — A partir du quinzième jour qui suivra celui où la chasse d'une espèce de gibier sera prohibée (3) jusqu'à l'expiration du temps prohibé, il sera interdit de transporter, exposer, mettre en vente, vendre ou acheter pour revendre (4) le gibier dont la chasse sera interdite. Sera considéré comme vente de gibier le fait d'en servir dans des auberges.

Cette interdiction s'appliquera pendant toute l'année au gibier spécifié en l'article 17, lorsqu'il aura été pris à l'aide de filets ou autres engins (5).

Les mesures nécessaires pour assurer l'exécution de cette prohibition, ainsi que les exceptions qu'il y aura lieu d'admettre, seront arrêtées par voie d'ordonnance (6).

chasse de détruire non seulement les chats domestiques, mais encore les chiens errants, rencontrés sur le domaine de chasse, à quelque distance qu'ils se trouvent des habitations (loi XX de 1883 ; V. *Annuaire de légis. étrang.*, XIIIᵉ année, p. 386).

(1) Même aux titulaires de la chasse.

La contravention à l'article 18 *c* commise par l'ayant droit à la chasse est punie par l'article 22, n° 5, de la présente loi. Si le contrevenant est une autre personne que l'ayant droit à la chasse, il encourt, suivant qu'il a fait ou non acte de chasse, les peines portées par l'article 292 ou par l'article 368, n° 11, du Code pénal allemand (V. *Annuaire de légis. étrang.*, VIᵉ année, p. 152, et Iʳᵉ année, p. 181).

(2) Bien entendu, par les ayants droit à la chasse.

(3) Ce délai de quinzaine pendant lequel le gibier peut être transporté et vendu, après que la chasse en a été interdite, permet d'utiliser les animaux abattus dans les derniers jours de chasse. Il serait à souhaiter que l'on adoptât en France un régime semblable. La plupart des lois étrangères contiennent, du reste, des dispositions analogues. Nous pouvons citer, entre autres, la loi prussienne, [loi du 26 février 1870, article 7 ; V. *Sämmtliche Jagdgesetze für die K. Preussischen Staaten* (2ᵉ édit., Berlin, Heymann, 1874) p. 58], la loi bavaroise (ordonnance royale du 5 octobre 1863, art. 11 ; FESSMANN, *die Jagdgesetze für das Königreich Bayern*, p. 72) ; la loi belge (loi du 28 février 1882, art. 10 ; V. *Annuaire de législ. étrang.*, XIIᵉ année, p. 746) ; la loi d'Alsace-Lorraine (loi du 7 mai 1883, art. 4 ; V. *Annuaire de législ. étrang.*, XIIIᵉ année, p. 313) ; la loi hongroise (loi XX de 1883, art. 10 ; V. *Annuaire de législ. étrang.*, XIIIᵉ année, p. 385) et la loi luxembourgeoise (loi du 19 mai 1885, art. 12 ; V. *Annuaire de législ. étrang.*, XVᵉ année, p. 420).

(4) Le particulier qui achète du gibier, en temps prohibé, pour le consommer, ne commet aucune contravention.

(5) Aux termes de l'article 23, n° 4 *d*, la contravention aux dispositions de l'article 18 *d* est punie d'une amende de 20 à 150 marks.

(6) L'interdiction du transport et de la vente du gibier prononcée par l'ar-

Art. 18 *e*. — Les dispositions des articles 17, 18, 18 *a*, 18 *c*, 18 *d*, ne seront pas applicables au gibier vivant sur des fonds clos ou, d'ailleurs, dûment isolés des fonds voisins (art. 7).

Toutefois, le transport, l'exposition, la mise en vente et la vente de ce gibier, en ce qui concerne chaque espèce, pendant le temps où la chasse en est prohibée, pourront être restreints par voie d'ordonnance et pourront, notamment, être subordonnés à la délivrance d'un certificat de provenance qui devra accompagner le gibier (1).

Art. 19. — Lorsqu'on aura conservé, sur quelque point, une trop grande quantité de gibier, ou lorsque certains fonds seront, d'ordinaire, exposés à des dommages considérables de la part du gibier (2), les autorités publiques (3) devront, sur la demande des particuliers dont les fonds sont menacés, prendre les mesures nécessaires pour assurer la diminution du gibier (4).

Elles pourront, dans ce cas, autoriser ou inviter les ayants droit à chasser pendant le temps où la chasse est fermée (5).

---

ticle 18 *d*, s'applique non seulement au gibier du pays, mais encore au gibier provenant de l'étranger (Ordonnance ministérielle du 6 novembre 1886, art. 48).

Les animaux détruits sur l'injonction de l'administration ou avec son autorisation (V. art. 19), ainsi que les animaux tués dans les domaines clos, peuvent être transportés, mis en vente et vendus en temps prohibé, mais à la condition d'être munis d'un carton fixé à l'oreille, s'il s'agit d'un mammifère, au bec, s'il s'agit d'un oiseau, au moyen d'une cordelette scellée à l'aide du sceau municipal, ou, lorsque le gibier provient d'un domaine séparé (*abgesonderte Gemarkung*), à l'aide du sceau de l'autorité préposée à la police du domaine (Ordonnance ministérielle du 6 novembre 1886, art. 49). Le gibier tué par mégarde, pendant le temps où la chasse en est prohibée, peut également être transporté et vendu, moyennant l'accomplissement des mêmes formalités; mais l'autorité chargée d'apposer le sceau doit, avant de le faire, s'assurer que l'administration du district a été informée de la contravention; au besoin, elle doit la lui signaler (*Ibid.*, art. 50).

(1) Voir la note précédente au sujet des formalités à remplir pour pouvoir transporter, mettre en vente et vendre le gibier tué dans les domaines clos, en temps prohibé.

(2) Les mesures exceptionnelles prévues par l'article 19 peuvent être prises, quelle que soit la nature des fonds menacés par la surabondance du gibier. Le législateur, en effet, n'a pas entendu protéger exclusivement les cultures. Il peut arriver, notamment, que le gibier cause de grands dégâts dans les bois, par exemple, en ravageant les jeunes tailles ou les plantations. La destruction, dans ce cas, peut parfaitement être ordonnée par l'Administration.

(3) C'est-à-dire l'administration du district (V. Schenkel, *op. cit.*, note 5, sous l'article 19).

(4) L'administration peut procéder elle-même à la destruction du gibier, notamment en faisant exécuter des battues; mais, auparavant, elle doit mettre en demeure l'ayant droit à la chasse d'opérer cette destruction, et elle ne doit agir que faute par lui de se conformer aux injonctions qui lui ont été faites (Ordonnance ministérielle du 6 novembre 1886, art. 51). — Cf. loi d'Alsace-Lorraine, du 7 mai 1883, art. 5 (V. *Annuaire de lég. étrang.*, XIII° année, p. 313).

(5) L'article 19 concerne exclusivement les chasses qui ne sont pas entourées de clôtures; au sujet des domaines clos, voir l'article 21, ci-après.

Art. 20. — Tout propriétaire ou fermier d'un fonds de terre (1) est autorisé à écarter, en tout temps, le gibier de ce fonds (2), sans toutefois recourir à l'emploi de chiens, et à le tenir éloigné au moyen d'appareils installés à demeure.

Art. 21. — A moins de conventions contraires formelles, les dégâts causés par le gibier ne donnent lieu à aucune réparation (3).

Toutefois, lorsque le gibier force la clôture d'un domaine clos au sens de l'article 7, et cause des dégâts, le propriétaire de ce domaine (4) est tenu à la réparation du dommage causé. Il doit également, dans un délai qui lui est imparti par l'autorité de police du district, remettre sa clôture en état.

Si le délai s'écoule sans qu'il ait été tenu compte de l'injonction, on pourra procéder, dans l'intérieur du fonds clos, comme il est dit à l'article 19.

Art. 22 (5). — Sera puni d'une amende de 5 à 50 marks :

1° Quiconque chassera sans être porteur de son permis de chasse;

---

(1) Ou, plus exactement, quiconque a la jouissance du fonds. L'usufruitier, entre autres, a, sous ce rapport, les mêmes droits que le propriétaire ou le fermier. (Schenkel, *op. cit.*, note 1, sous l'article 20).

(2) L'interdiction est absolue et générale, et s'applique même aux petits chiens et aux chiens de cour qui ne peuvent être utilisés pour la chasse.

(3) Il en est de même en Prusse [loi du 7 mars 1850, art. 25 ; V. *Sämmtliche Jagdgesetze für die K. Preussischen Staaten* (2° édit.), p. 93].

En Hongrie, l'ayant droit à la chasse n'est tenu à une réparation que pour les dommages causés par le grand gibier, c'est-à-dire par les cerfs et daims (loi XX de 1883, art. 7 et 8 ; V. *Annuaire de législation étrangère*, XIII° année, p. 384).

(4) Le propriétaire est responsable, alors même qu'il n'y aurait aucune faute à lui imputer.

La demande en dommages-intérêts, fondée sur les dégâts causés par le gibier qui s'échappe d'un parc clos, doit être portée devant les tribunaux ordinaires, conformément aux règles établies par le Code d'organisation judiciaire et par le Code de procédure civile allemands.

Lorsque le montant des dommages-intérêts réclamés est inférieur à 60 marks, et que les parties ont leur domicile ou leur résidence dans la même commune, l'affaire doit être portée, en premier ressort, devant le bourgmestre du lieu (loi du 16 avril 1886; art. I; V. *Annuaire de législation étrangère*, XVI° année, p. 184).

(5) Les articles 22 et 23 visent des contraventions qui ne sont pas prévues par le Code pénal allemand.

Nous croyons utile de reproduire ici le texte des dispositions de ce Code relatives aux délits ou contraventions de chasse. Ces dispositions se trouvent dans les articles 292, 293, 294, 295 et 368, n°s 10 et 11.

Art. 292 (ainsi modifié par la loi du 26 février 1876). — « Celui qui chassera sur un terrain où il n'a pas le droit de chasse sera puni d'une amende de 300 marks au plus ou de l'emprisonnement pendant trois mois au plus.

« Si le coupable est un parent de la personne à qui appartient le droit de chasse, la poursuite n'aura lieu que sur une plainte. La plainte pourra être retirée. »

Art. 293. — « L'amende pourra être élevée jusqu'à 600 marks et l'emprison-

2° Quiconque se fera accompagner ou fera accompagner son garde-chasse, dans un but de chasse, par des personnes ne possédant pas de permis de chasse ou non munies de leur permis, et quiconque concèdera la faculté de chasser d'une manière indépendante à des personnes ne possédant pas de permis;

3° Quiconque exercera la chasse d'une manière indépendante, comme hôte de chasse, sur un canton de chasse communal, ou comme membre d'une association de chasse, sur une partie du domaine de chasse de l'association sur laquelle il n'avait pas déjà le droit de chasse en qualité de propriétaire ou de fermier, sans que l'autorisation prescrite par les articles 10 *b* et 10 *d* ait été accordée;

4° Quiconque, exerçant la chasse d'une manière indépendante, négligera, contrairement aux dispositions de l'article 10 *f*, de porter sur lui le certificat de concession ou d'autorisation, ou refusera de représenter ce certificat;

5° Quiconque enlèvera ou recueillera, comme ayant-droit à la chasse et contrairement aux dispositions de l'article 18 *c*, des œufs ou des couvées d'une des espèces de gibier de plume susceptibles d'être chassées, ou des œufs de vanneau ou de mouette;

6° Quiconque contreviendra aux dispositions des ordonnances

nement jusqu'à six mois, s'il a été fait usage, non d'armes à feu ou de chiens, mais de lacets, filets, pièges et autres engins, ou si le délit a été commis en temps prohibé, dans les forêts, pendant la nuit ou par plusieurs personnes réunies. »

Art. 294. — « Celui qui fait métier de chasser d'une manière prohibée sera puni d'un emprisonnement de trois mois au moins; le coupable pourra, de plus, être privé des droits civiques et déclaré susceptible d'être placé sous la surveillance de la police. »

Art. 295. — « En dehors des peines encourues à raison du délit de chasse, l'arme, l'attirail de chasse et les chiens que le coupable avait avec lui seront confisqués, ainsi que les lacets, filets, pièges et autres engins, qu'ils soient ou non la propriété du condamné. »

Art. 368. — « Sera puni d'une amende de 60 marks au plus ou des arrêts (*Haft*) pendant quinze jours au plus :

. . . .

« 10° Celui qui sera rencontré en appareil de chasse sur le terrain d'autrui, en dehors du chemin public destiné à l'usage commun, alors même qu'il ne serait pas en action de chasse, à moins qu'il ne soit muni du consentement de l'ayant droit à la chasse ou d'une autre autorisation;

« 11° Celui qui aura, sans droit, déniché des œufs ou couvées de gibier de plume ou d'oiseaux chanteurs. »

Il peut se faire qu'une personne soit inculpée, à la fois, d'un fait puni par l'article 22 ou par l'article 23 de la loi badoise sur la chasse, et d'un fait tombant sous le coup du Code pénal allemand. Par exemple, un chasseur peut être poursuivi pour avoir chassé sur le terrain d'autrui sans son consentement et sans être muni d'un permis. Dans cette hypothèse et conformément à l'article 73 du Code pénal allemand, le tribunal appliquera la loi qui inflige la peine la plus forte ou le genre de peine le plus rigoureux.

concernant le meurtre et la destruction des animaux nuisibles (1).

Art. 23. — Sera puni d'une amende de 20 à 150 marks :

1° Quiconque chassera sans avoir obtenu un permis de chasse ;

2° Quiconque remettra son permis à un tiers pour s'en servir ;

3° Quiconque se servira d'un permis qui n'a pas été délivré à son nom, qui est périmé ou qui lui a été retiré ;

4° Quiconque contreviendra aux dispositions de la présente loi et aux ordonnances rendues pour son exécution :

a) En capturant du gibier à l'aide de lacets ou autres engins (2) ;

b) En chassant à l'aide de chiens courants (3) ;

c) En tuant ou en capturant du gibier pendant le temps où la chasse en est prohibée (4) ;

d) En transportant, exposant, mettant en vente, vendant ou achetant pour le revendre, du gibier, pendant les périodes déterminées par l'article 18 *d*, ou contrairement aux règlements édictés à ce sujet, ou contrairement, enfin, à ceux édictés en exécution de l'article 18 *e*.

Indépendamment de l'amende, les engins que le délinquant transportait avec lui, ou dont il s'est servi dans le cas prévu par le n° 1, les lacets et autres engins dont il a fait usage, dans le cas prévu par le n° 4, lettre *a*, les chiens employés, dans le cas prévu par le n° 4, lettre *b*, et le gibier formant l'objet de la contravention seront confisqués, sans qu'il y ait à distinguer si le coupable en est ou non le propriétaire.

Art. 24. — Les ayants droit à la chasse sont tenus de veiller strictement au maintien de la bonne police et à la garde de la chasse (5). Les personnes préposées par les ayants droit à la garde de la chasse seront assermentées par l'administration du district en vue de l'accomplissement des devoirs de leur charge (6).

---

(1) Cf. Ordonnance du ministre de l'intérieur, du 6 nov. 1886, art. 2 à 9 (*Gesetzes-und Verordnungsblatt*, 1886, n° XLVII, pp. 487 et suiv.).

(2) Cf. art. 18, *suprà*.

(3) Cf. art. 18, *a, suprà*.

(4) Cf. art. 17, *suprà*.

(5) Cette obligation est nouvelle ; elle a été inscrite dans la loi par la première Chambre des États. Lorsque le titulaire de la chasse néglige de la remplir, l'administration peut le contraindre à se mettre en règle, si l'intérêt public l'exige, conformément aux dispositions des articles 30 et 31 du Code pénal de police badois. — V. Schenkel, *op. cit.*, note 1, sous l'art. 24.

(6) La prestation de serment a lieu en la forme dite : *Handgelübde*.

Le préposé, une fois assermenté, devient un fonctionnaire, au sens de l'article 359 du Code pénal allemand (V. *Annuaire de législ. étrang.*, Ire année, p. 172). Il est considéré comme un auxiliaire du ministère public et, comme tel, il est tenu d'obéir aux prescriptions du procureur d'Etat près le tribunal régional, et des supérieurs de celui-ci (*Code d'organisation judiciaire allemand*, art. 153 ;

L'administration du district devra ou pourra, suivant les cas, refuser d'assermenter les personnes préposées à la garde de la chasse, ou exiger leur renvoi, s'il existe des faits desquels il résulte que la personne en cause ne présente pas de garanties suffisantes pour la garde de la chasse, ou si cette personne se trouve dans un des cas dans lesquels le permis de chasse doit ou peut être refusé.

Art. 25. — L'administration du district surveillera l'exercice du droit de chasse et la police de la chasse, et elle devra, au besoin, s'entendre avec l'administration forestière du district.

En dehors des contestations mentionnées dans l'article 2, n° 17, de la loi du 14 juin 1884, concernant le contentieux administratif (1), les tribunaux administratifs connaîtront également des différends qui pourront s'élever à propos de la fixation du prix de location, dans les cas prévus par les articles 6 et 9 *a*.

Art. 26. — Le ministère de l'intérieur prendra, en tant que de besoin, d'accord avec les autres ministères, les dispositions nécessaires pour assurer l'exécution de la présente loi.

voir la traduction de L. Dubarle, t. II, p. 91). — Ordonnance grand-ducale du 24 septembre 1886 ; *Gesetzes-und Verordnungsblatt*, 1886, n° XII, p. 383. — Cf. Ordonnance ministérielle du 6 novembre 1886, art. 54 et 55.

(1) Voir l'*Annuaire de législation étrangère*, XIVe année, p. 232.

PARIS. — IMP. DE LA SOC. ANON. DE PUBL. PÉRIOD. — P. MOUILLOT. — 84592.

PARIS. — IMP. DE LA SOCIÉTÉ ANONYME DE PUBLICATIONS PÉRIODIQUES
P. MOUILLOT. — 13, QUAI VOLTAIRE. — 84532